Mes émotions

LA JOIE

Un livre de la collection
Les racines de Crabtree

AMY CULLIFORD

I0811493

CRABTREE
Publishing Company
www.crabtreebooks.com

Soutien de l'école à la maison pour les parents, les gardiens et les enseignants

Ce livre aide les enfants à se développer grâce à la pratique de la lecture. Voici quelques exemples de questions pour aider le lecteur ou la lectrice à développer ses capacités de compréhension. Les suggestions de réponses sont indiquées en rouge.

Avant la lecture

- De quoi ce livre parle-t-il?
    - *Ce livre parle du sentiment de la joie.*
    - *Ce livre explique à quoi ressemble la joie.*

- Qu'est-ce que je veux apprendre sur ce sujet?
    - *Je veux apprendre ce qui m'apporte de la joie.*
    - *Je veux apprendre à quoi ressemble le sentiment de la joie.*

Pendant la lecture

- Je me demande pourquoi...
    - *Je me demande pourquoi je souris quand je suis joyeux.*
    - *Je me demande pourquoi je saute quand je suis joyeux.*

- Qu'est-ce que j'ai appris jusqu'à présent?
    - *J'ai appris que jouer m'apporte de la joie.*
    - *J'ai appris que les gens rient quand ils sont joyeux.*

Après la lecture

- Nomme quelques détails que tu as retenus.
    - *J'ai appris qu'il y a plusieurs choses à faire pour apporter de la joie aux autres.*
    - *J'ai appris qu'il y a plusieurs façons de démontrer ma joie.*

- Lis le livre à nouveau et cherche les mots de vocabulaire.
    - *Je vois le mot* ***câlins*** *à la page 4 et le mot* ***amis*** *à la page 7. Les autres mots de vocabulaire se trouvent à la page 14.*

Qu'est-ce qui m'apporte de la **joie**?

Les **câlins** m'apportent de la joie.

Je **souris** quand
je suis joyeux.

Jouer avec mes **amis** m’apporte de la joie.

Je **ris** quand
je suis joyeux.

Aider les autres m'apporte de la joie.

Je saute quand
je suis joyeux.

Qu'est-ce qui t'apporte de la joie?

Liste de mots

Mots courants

avec
je
me
quand
qu'est-ce
saute
suis
te

La boîte à mots

amis

câlins

joie

ris

souris

51 mots

Qu'est-ce qui m'apporte de la **joie**?

Les **câlins** m'apportent de la joie.

Je **souris** quand je suis joyeux.

Jouer avec mes **amis** m'apporte de la joie.

Je **ris** quand je suis joyeux.

Aider les autres m'apporte de la joie.

Je saute quand je suis joyeux.

Qu'est-ce qui t'apporte de la joie?

CRABTREE
Publishing Company

Autrice : Amy Culliford
Conception : Rhea Wallace
Développement de la série :
James Earley
Correctrice : Ellen Rodger
Conseils pédagogiques :
Marie Lemke M.Ed.
Traduction : Annie Evearts
Coordinatrice à l'impression :
Katherine Berti
Références photographiques :
Shutterstock : Juan Pablo Gonzaález : couverture; Sergey Novikov : p. 1; Ami Parikh : p. 3, 14; pixelheadphoto : p. 5, 14; wavebreakmedia : p. 7, 14; ESBProfessional : p. 8, 14; TinnaPong : p. 9, 14; Africa Studio : p. 11; Monkey Business Images : p. 12; alexei_tm : p. 13

Mes émotions

LA JOIE

Crabtree Publishing Company

www.crabtreebooks.com 1-800-387-7650

Copyright © 2022 **CRABTREE PUBLISHING COMPANY**

Tous droits réservés. Aucune partie de cette publication ne doit être reproduite ou transmise sous aucune forme ni par aucun moyen, électronique, mécanique, par photocopie, enregistrement ou autrement, ou archivée dans un système de recherche documentaire, sans l'autorisation écrite de Crabtree Publishing Company. Au Canada : Nous reconnaissons l'appui financier du gouvernement du Canada par l'entremise du Fonds du livre du Canada pour nos activités de publication.

Publié aux États-Unis
Crabtree Publishing
347 Fifth Avenue
Suite 1402-145
New York, NY, 10016

Publié au Canada
Crabtree Publishing
616 Welland Ave.
St. Catharines, Ontario
L2M 5V6

Imprimé au Canada/062021/CPC

Catalogage avant publication de Bibliothèque et Archives Canada

Titre: La joie / Amy Culliford ; texte français d'Annie Evearts.
Autres titres: Happy. Français.
Noms: Culliford, Amy, 1992- auteur.
Description: Mention de collection: Mes émotions | Les racines de Crabtree | Traduction de : Happy. | Comprend un index.
Identifiants: Canadiana (livre imprimé) 20210273410 | Canadiana (livre numérique) 20210273429 | ISBN 9781039605305 (couverture souple) | ISBN 9781039605367 (HTML) | ISBN 9781039605428 (EPUB) | ISBN 9781039605480 (livre numérique avec narration)
Vedettes-matière: RVM: Bonheur—Ouvrages pour la jeunesse. | RVMGF: Documents pour la jeunesse.
Classification: LCC BF723.H37 C8514 2022 | CDD j152.4/2—dc23